나는 날마다 두 개의 자화상을 그린다

지혜사랑 317

나는 날마다
두 개의 자화상을 그린다

이미순 시집

지혜

시인의 말

나는 한 순간
숨이고 몸짓이고 파문이다

흔들린다는 건
당신이 내 안에 있다는 것

그 흔들림 속에서
나는 날마다
두 개의 자화상을 그린다

2025년 가을
이미순

차례

시인의 말 — 5

1부

여보오! — 12
피차일반 — 14
확률 — 16
아니요 — 18
총 맞은 것처럼 — 20
취하다 — 22
안심약국 — 24
과태료 — 25
See you next time — 26
외상 — 28
등받이 — 29
지랄 — 30
기변 — 31
수화 — 32
간섭 — 34

2부

비늘	38
앙,	40
만취	42
봉고차	43
이효리가 안 가!	44
왜요?	46
꿰매고 와	48
배시시 웃는	49
고개를 드는 정아처럼	50
무	52
좋아해!	53
흔들렸다	54
정다운 약국	56
시계를 풀어놓고	58
지나가는 데요	60

3부

한 사람의 저녁이 망설여지는 동안 ——— 62
별이 ——— 63
미루나무 수선집 ——— 64
숫사슴 ——— 65
꽃이 피었다 ——— 66
봄날은 간다 ——— 68
쌀 ——— 70
나비야, ——— 72
모화역 ——— 74
자꾸 눌러 ——— 75
옷을 걸 그랬다 ——— 76
파문 ——— 77
인사법 ——— 78
시샘 ——— 80
구구국구 ——— 82

4부

꿈 ——— 84
OK 일수 ——— 85
먹먹 ——— 86
등산화 ——— 88
송사리 떼 ——— 90
유성 매직 ——— 91
그를 주워도 되나 ——— 92
안부 ——— 94
자라는 그리움 ——— 95
턴테이블 ——— 96
달달 ——— 97
연기 ——— 98
조율 중 ——— 99
덕분입니다 ——— 100

해설 • 만상萬像의 관계학 • 유종인 ——— 103

- **일러두기**
  페이지의 첫줄이 연과 연 사이의 띄어쓰기 줄에 해당할 경우 >로 표시합니다.

1부

여보오!

삼거리에서
신호등 쪽으로 걸어가는 초등학생쯤 되는 누나가
유치원생쯤 되는 남동생에게

아까 집에서 바퀴벌레가 나왔는데
아빠가 뭐라고 한 줄 알아?

뭐랬어?

여보
여보
여보오!

그러자 엄마가 짠! 하고 나타나서
팔 걷어붙이고
망설임 없이
딱!

잡았어?
잡았지!

아빠는?

＞
먼발치에서 짝짝짝 박수를 쳤지

피차일반

612번 버스가 정류장 턱 가까이 다가오다
먼저 내려선 아저씨를 피해
멈칫,

금사과 몇 개 들은 비닐봉지를 들고
맨 먼저 버스에 오르는 아저씨를 향해 기사님이 한마디
한다

아저씨 그렇게 내려와 있으면 어째요
다리 아픈 분들이 많아 차를 바싹 붙여야 하는데요

그래도 아저씨는 미안하다는 말없이 입을 꾹 다물고 있다
내가 민망하여 아저씨를 빤히 바라보느라
다음 정거장에서 하차 벨을 놓쳤다

정차 후 떠나려는 순간
급히 벨을 누르고
여기 내릴게요!

엉거주춤 들고 있던 아저씨 사과 봉지 위에
내 사과를 얹어

\>
죄송해요

그제야 문이 열리고 간신히 내렸다
떠나는 버스 안에서 아저씨가 나를 쳐다보고 있다

확률

느낌이 서늘한

그것은 공중에서 떨어졌다
정확하게 내 오른쪽 귓불을 스친 후 목덜미를 지나 어깨 위로 떨어졌다

아직 온기가 있다
벌레처럼 피부에 착 달라붙는 느낌

한밤중에 손등이 따끔해 얼떨결에 손으로 잡아 에잇, 하고 벽에다 집어 던지고 보니
지네였던 때가 떠올라

움찔했다

어깨 위를 움켜잡았다 물컹했다 곤죽이 되었다
움켜잡았던 손을 펴보니

새똥!

새똥 맞을 확률이 얼마나 될까
로또 맞을 확률과 맞먹을까

＞
에잇, 에잇
나 혼자 맞을 확률에 맞았다

아니요

남편 대신 처방약 받으러 갔다가
의사를 보는 순간 어디서 많이 본 얼굴이다

어디서 봤더라
어디서 봤더라

의사도 내가 낯이 익은지
처방전을 쓰면서 안경 너머로 자꾸 나를 쳐다본다

청소년 자원봉사를 하시나요? 아니요
음악연주 봉사는요? 아니요
심리상담 봉사? 아니요
춤 동아리? 아니요

아니요 아니요 를 외치며
기억 속 일상을 거꾸로 돌리다 보니
아하! 매일 오후 6시 30분
수영강습 연수반

내 앞에 있다가 접영 때만 되면 내 뒤로 빠지는 사람
수경을 끼고 인사하는 사이
어제도 마주친 사이

\>
의사 가운을 벗기고 넥타이를 풀게 하고 안경을 벗기고
수경을 수모 위로 올리면?
영락없다

처방전 건네면서
생각났냐는 의사의 말에
아니요 아니요 를 되풀이했다

총 맞은 것처럼

금강산 관광 중에 품이 큰 군복을 입은 군인들이 관광하는 길 요소요소에 있었다

호루라기 소리가 짧고 강해
자주 주위에 있는 사람의 시선을 한데 끌어모았는데

한 군인이 호루라기를 불며 내게 와 신발코 앞에 들고 있던 봉을 정확히 꽂고는 검지로 가까이 오라는 신호를 했다

영문도 모르고 앞으로 다가서며 검지로 무엇을 가리키지 말라는 가이드의 주의 사항도 잘 지켰는데

왜?

옆구리에 총을 찬 군인은 내 가방 왼쪽 모서리를 봉으로 가리켰다 내 가방이 하필이면 국방색이었지만

국방색이라?

군인은 바짝 다가와 가방 왼쪽 모서리에서 나도 몰랐던 액세서리를 풀어 손 위에 올려놓았다 모눈종이 한 칸만 한 태극기였다

\>
나는 총 맞은 것처럼 비틀거렸다

취하다

초등학교 짝꿍과 재혼한 순희는
짝꿍이었던 상민이를 석래 아부지요! 하고 부른단다

100미터 길이의 비닐하우스 일곱 개에 특수작물과 딸기를 재배하는데
석래 아부지는 술을 달고 산단다

환기창을 열다가 한 잔, 목마르다고 한 잔, 출출하다고 한 잔
해거름이면 만취가 된단다

시원하게 잘 웃는 순희는 그런 석래 아부지가 보여도 그만 안 보여도 그만이었지만
일 마치면 꼭 오토바이 뒷좌석에서 석래 아부지 허리춤을 잡았단다

그날도 귀갓길에 강둑을 달리다가 오토바이가 굴렀는데
둘이 널브러져 있다가

괜찮나?
상민이가 순희를 와락 끌어안았단다

\>
그 바람에 술은 입에도 못 대는 순희가
석래 아부지에게 취했단다

절뚝거리며
다시 오토바이 뒷자리로 가
석래 아부지 허리춤을 더 세게 끌어안았단다

안심약국

유월 마지막 일요일 아침

우산을 쓰고 안심약국 앞을 지나가는데
비둘기 한 마리 약국 문 앞에 바짝 붙어 있다

당기시오
문구만 왼쪽 유리 문짝에 붙어 있는 안심약국

처마 아래서
비를 피하는 중이라고 생각해
위를 올려다봤는데 위층 그 위의 층에서도 비는 곧장 떨어졌다

변비 걸린 비둘기가
지사제라도 사려고 문 앞에서 기다리는 걸까

회색 깃털에 꽁무니만 흰 비둘기가
제 모습을 핸드폰에 담고 있는 내 인기척에도 아랑곳 않고
묵직한 뒤를 참고 열리지 않는 문 앞에서 서성거리고 있다

물똥 같은 비는 계속 내리고
일요일인 줄도 모르고

과태료

한파로 길이 꽁꽁 언 아침나절
동서연합의원 쪽으로 두 노인이 걸어간다

지팡이를 든 노인이 한 노인의 어깨를 감싸고
감싸인 노인의 팔이 한 노인의 팔을 잡고가다
전봇대 아래서 빙판에 두 발이 엉켜 넘어진다

쓰레기 무단투기 단속 촬영 중입니다 적발 시 100만 원 이하의 과태료가 부과되오니 쓰레기를 무단투기하지 맙시다

이것도 무단투기는 무단투기인지라
과태료 100만 원에 덜컥 겁이 난 노인이 자빠진 노인의 등을 짚고 일어선다

아이고

세월 빠진 소리를 내며 일어선 노인이
다른 노인에게 지팡이 끝을 빠르게 들이밀고

일어선 두 노인이 한목숨처럼 붙들고 간다

See you next time

   정류장 의자에 앉아 버스를 기다리는데
   귀에 꽂은 이어폰에서 황성 옛터가 흘러나오는 어르신이 다가와
   의자에서 일어서려는 순간

   영어로
   진짜 영어로

   Thank you
   have a seat please

   한 귀퉁이에 걸터앉으면 된다고
   내 옷자락을 살짝 잡아당기며 한사코 앉으란다

   순간 아버지가 떠올랐다 미군 부대에 근무하던 아버지는 동전만 한 손목시계 같은 것을 귀에 대고 영어로 뭐라 뭐라 하셨다 중간중간 끊겨도 최선을 다하셨다

   배워나가는 중이거나
   잊혀져가는 중이거나

   묻지도 않았는데 어디 사냐고, 자신은 유성이 집이고 나

이가 아흔하나 라고 그러는 사이 버스가 들어오고

　See you next time

　두만강 푸른 물이 한 세상 돌아 다시 올 때쯤 만날 것 같았고
　황성 옛터에서 다시 만날 것 같아
　나도 손을 흔들었다

외상

  엄마는
초등학교 4학년인 내게
외상 쌀 사 오라는 심부름을 시켰다

  집 앞 돌계단을 내려와 마을 당산나무를 지나 큰불이 몇 번 난 성냥공장 윗길을 지나 시장에서 싸전 하는 외숙모한테 간다

  과일가게 나무 궤짝 안의 사과를 보며 잘못도 없이 붉어서 간다 철도 건널목에서 동해남부선 기차를 먼저 보내고 그릇을 구경하고 종이로 만든 색색의 꽃을 구경하며 시장을 둬 바퀴쯤 돌다

  외숙모가 지인들과 화투를 치다 기분 좋게 go를 질러댈 때까지 싸전 앞에 서성이다 쌀을 받아 온다

  아버지도 언니 동생도 몰랐던 쌀 심부름

  외상 같은

등받이

지하철역

물결무늬 원피스를 입은 아주머니가
간이의자에 앉다가 당황한 목소리로 *어이쿠!* 하신다

등받이 있는 의자인 줄 알고 앉다가
뒤로 넘어가는 줄 알았고
뒤로 넘어가는 줄 알았다가
남자의 등에 척 기대져서 그랬단다

등을 내준 남자가 맞은편 스크린 도어를 응시한 채
무심한 듯 한마디 한다
기대면 등받이니 그냥 계세유

한 여자가 한 남자의 등을 등받이처럼 기대고 있다

더울 낀데…
누군가 뒷말을 흐리자
주위에서 웃음소리 들리고

후끈하고 편해서 좋네요 라는 아주머니 말에
나도 모르게 맞장구칠 뻔했다
등받이가 너무 좋아 보여서

지랄

키 큰 남자가 걸어가며
배꼽 근처에서 휴대폰을 만지작거리다
툭,
바닥에 떨어뜨렸다

지랄하네

자신에게 하는 소리인지
떨어진 휴대폰에게 하는 소린지
앞질러 가는 나에게 하는 소린지

떨어진 휴대폰을 주워 들고 가다
이번엔 고함소리가 들린다

야!

내가 앞질러 가며 핸드폰 메모장에 쓴 메모 봐서 그런 건지
휴대폰 속 상대에게 지랄하는 건지

몰라,

쿵 내려앉는 심장을 추스르고
빠르게 앞만 보고 걸었다

기변

   문학기행 중에 간 공원의 재래식 화장실에는 버려진 휴지가 떨어진 목련처럼 수북이 쌓여있었다 쌓인 휴지 때문에 변기가 구분이 잘 안돼 주춤거리다 휴대폰을 빠드렸다

   밑에서 하얀 식충식물처럼 넙죽 기기를 받아먹고 입을 닫았다
   이런 기변이

   빈손이 되어

   기다리던 일행은 내 쪽을 향해 소리치고
   나는 휴대폰이 사라진 방향을 보고 있고

   끝내는 우릴 인도하시던 선생님께서 변기 앞으로 가 양복 앞섶이 수북한 목련 잎에 닿고서야 휴대폰을 건져 내 손에 올려 주었다

   손이 무거워졌다

수화

걸음 서툰 아이를 데리고
젊은 엄마가 지하철에 오른다

한 정거장만 가면 된다는 아이에게
나는 자릴 양보하고 가방과 네 권의 책을 들고 서서
바닥에 닿을 듯한 발을 까닥이는 아이를 내려 보다가 고
갤 들자
맞은편 사람의 웃는 모습이 창에 비친다

창에서 눈과 눈이 마주치다
한 정거장 지나 다시 자리에 앉으니 정면에서 웃는다

정차한 출입문으로 사람들이 쏟아져 나가고
서류 가방을 무릎 사이에 둔 그가 보란 듯이 엄지척을
한다

아이에게 자리 양보한 내가 최고라는 건지
뒤돌아선 나의 뒤태가 최고라는 건지
앞에서 본 내가 최고라는 건지

왜요?
입 모양으로 물었더니

＞
빠른 그의 손짓말에 나는 무례 없이 목례하고
다음 정류장에서 내렸다

수화를 배워야겠다

간섭

이게 무슨 꽃이게요?

뒤돌아보니
휠체어를 밀고 가던 여인이
화단 모서리에 핀 붓꽃을 가리키며 묻는다

햇살에 주름을 잠시 펴는 할머니가 휠체어에 앉아
무릎담요에 두 손을 가볍게 모으고 꽃을 바라본다

바라봄이 모자라서
쉽게 시들면 안 되겠다는 눈빛이다

이것은 물망초!
여인이 말한다

어릴 적
크레파스로 검은 꽃을 그리고 붉은 나무를 그리던 나의 색깔에
  일일이 간섭했던 엄마처럼

어 아닌데…
불쑥 튀어나올 뻔한 말을 삼켰다

＞
저 꽃은
붓꽃도 물망초도 아닌
바라보고 있는 할머니의 꽃이라서
꽃말이 바람에 날린다

2부

비늘

흔들리는 계수나무 옆에서
돌멩이로 나무에 눈금을 긋다가 책가방을 끌며 내려왔다

횡단보도 건너편 시장에서
생선 비늘이 반짝이는 게 보였다

엄마였다
검은 조끼를 입고 생선을 썰고 있었다
칼끝에서 생선 대가리가 툭툭 잘려 나가고 있었다

나는 멀찍이 서서 엄마 손에서
토막토막 잘리는 생선들을 보고 있었다

칼이 뎅강뎅강할 때마다 검은 비닐봉지들이 들썩였다
죽은 것이 산 것처럼 흔들렸다

검은 봉지마다 죽은 것들이 흔들리며 갔다
산 사람을 위하여

나는 횡단보도 옆에 쪼그리고 앉아
엄마가 몸의 비늘들을 다 털어낼 때까지 기다렸다

\>
좀 전의 갈치가 나를 보았을까
미안해하면서

앙,

전동 스쿠터를
한 할머니가 운전하고 가신다

바구니에서
한 뼘에 조금 모자랄 것 같은 강아지 한 마리
새하얀 털 새까만 눈으로
두리번거린다

건널목에 멈춰 서자
바람 부는 쪽으로도 경계의 털을 세워

너는 짖고
나는 웃고

눈만 마주쳐도 앙
손이라도 들어올까 앙앙
드르와~ 드르와~ 핸드폰 가게 바람 풍선의 손짓에는
앙칼지게 앙앙앙

세상은 짖을 거리
세상이 웃을 거리

> 앙,
앙,
앙,

만취

왜 안 와 거기 어디야?
몰라
어디야 대체 주위에 큰 건물이나 간판 있나 봐
KT 대리점 앞인디
어디에 있는 대리점인데?
몰러
지나가는 사람에게라도 물어봐
저기요, 날 데리러 온다는데 여기가 어디예요?
대답은 안하고 걸어가면서 자꾸 나를 쳐다봐
택시 타고 와
네가 와
있는 곳을 모른다며?
KT 앞인디
몰라 알아서 해
왜 안 와?
어디야
KT…
야!

봉고차

딸과 기차에서 내렸는데 마중 온다는 남편이 술 마셨다고 택시 타고 오라는 거야 한 푼이라도 아끼겠다고 동네로 가는 길 따라 걷는데 친구 남편이 끄는 봉고차가 보이네 손을 마구 흔들었지 코앞에 정차를 하네 올라타 자리에 앉고 보니 검은 양복에 짧은 머리를 한 남성 둘이 팔짱을 끼고 미동도 없네 어이쿠! 아는 분으로 착각하고 탔습니다 죄송합니다 내리려는 순간 차가 출발하는 거야 네가 손 흔들고 네가 탔으니 나 알 바 아니라는 듯이 달리는데 공포 같은 침묵 속에 갇혔다가 동네가 보이기에 죄송해요 동네 분인 줄 알았어요 아이가 중이염으로 병원 다녀오는 길인데 커브만 돌면 됩니다 태워 주셔서 고맙습니다 고맙습니다 연신 인사를 했지 그러나 차는 남편이 한잔했다는 가게 앞을 지나 만복이 엄마를 휙 지나치네

  STOP,
  STOP,

외지로 빠지는 산길의 초입에서 끼이익 하고 차가 서더니 툭, 하고 내려놓는 거야 다리 힘이 풀렸지만 아이를 업고 땀인지 겁인지 뚝뚝 흘리며 내달렸지 줄행랑처럼

이효리가 안 가!

사거리에서
엄마와
너덧 살 된 딸과
강아지가
제각기 다른 방향으로 향해있다

엄마, 이효리가 안 가!

이효리?

엄마는 신호등 앞에 서있고
딸은 긴 목줄을 잡고 가로수 쪽으로 향해있고
그 목줄을 눈으로 따라가 보니 이효리가 있다

내가 입은 윗옷이 이효리와 같은 색이라
네 발로 목줄을 팽팽하게 버티고 있는 토니 푸들이
나를 빤히 바라본다

애 엄마가 효리가 안 오면 예진이가 데리고 와야지 한다

이효리가 안가도 나는 가야 해서
신호등 쪽으로 향하며 다시 힐끗 쳐다보았다

＞
이효리 고집이 세다

왜요?

승용차 두 대가 머리를 맞대고 있다

진입 금지로 먼저 진입한 흰색 승용차를 향해
머리를 맞댄 까만 승용차가 빵빵한다

빵빵

서로 클랙슨만 울릴 뿐 뒤로 물러날 기미가 없다
꼼짝하지 않고

앞으로 빵
앞장서서 빵
돌격 앞으로 빵빵

맞댄 머리가 빵빵하게 부풀다
클랙슨 소리가 더 큰 흰색 자동차 창문이 반 뼘쯤 내려가면서 한 여자가
왜요?

검은 승용차 창문을 쑤우욱 내린 남자가 이맛살을 찌푸리며
왜요오?

\>
여자가 핸들을 잡고 고개를 푹 숙인다

금지된 길로 들어선 그녀를 어쩔까
검은 승용차가 맞댄 머릴 뗀다

빵빠라라라 빵빵빵!

꿰매고 와

 상추 쌈 싸 먹다 첫술에 혀 깨물어

 끊긴 혀를 마취 없이 홈질한 의사는 1mm쯤 붙어 있어
잘 기웠다고 아니 여분의 살을 최대한 기웠다고 했다

 생짜로 기운 혀엔 필라멘트 불 들어오듯 순간순간 통증이 와
 머금었다가 넘기지도 뱉지도 못하는 입으로
 무언의 말을 양미간으로 그려낼 때마다
 캄캄해지는데

 당신이 새 오토바이를 끌고 들어와 길을 내야 한다며 점심도 마다하고 나간 지 10여 분 만에 전화벨이 울렸다
 사고였다

 초등학교 교문 앞에서 아이를 피하려다 도랑에 처박혀
 이마를 꿰매고 왔다

 차라리 혀였으면 보이지나 않지
 차라리 이마였으면 먹기라도 하지

 우리는
 꿰매고 와

배시시 웃는

  당신이 엎질러졌습니다 엎질러짐은 나를 펼치려 일어난 일입니다 헛디딘 일입니다 엎질러진 일이 꼼지락거리자 그 사이로 당신이 보입니다 나는 얼굴을 가까이 대고 그 사이를 벌려 봅니다 오늘이 분주해도 엎질러진 일입니다 잠시 없어질 일들을 만들어야겠습니다 입버릇처럼 말하던 소홀을 이제는 당신의 소홀을 위해 소홀해지겠습니다 발꿈치는 놔두세요 들어 올린다고 엎질러진 일을 담을 수는 없습니다

  날마다 두 개의 자화상을 그린다
  배시시 웃는 빈 안간힘이 보이지 않으세요?

고개를 드는 정아처럼

셋방으로 이사했다
세 살배기 딸과 동갑내기인 주인집 딸 이름은 정아다

정아는 발자국만 떼면 뛴다
사력을 다해 뛰다가 벽 앞에서 정지 못하고
배가 먼저 벽에 부딪혀 넘어진다

용케 머리를 잘 드는 바람에 위기를 면하던 정아가 어느 날부터 우선멈춤을 한다 사력을 다해 달리다가도 벽 앞에서 끽이익 하고 멈춘다

그런 정아네 셋방 부엌은 미닫이문인데 한 블록 낮은 바닥이다

며칠 전
부엌으로 들어간 아이들을 데리고 나오려는데 누군가 밀어버린 것처럼
미닫이문이 아니 커다란 나무둥치가 넘어왔다

나는 필사적으로 막고
문은 살아온 무게를 고스란히 내 팔과 가슴에 내려놓았다

＞
뭉개진 글자처럼 버티고 있는 내 위에서
문짝도 고개 드는 정아처럼 부서지지 않겠다고
고갤 들고 있었다

무

총각김치 담으려고 무를 샀다
일 년을 두고 먹어도 무르지 않는 무라고 했다
무는 아기 발바닥보다도 작고 잎은 너 댓살 먹은 아이 키만 했다

무가 왜 이리 작냐고 물으니
소문 난 무를 모르냐고 되물었다

사 온 무를 다듬는다
무 중간중간 검은 반점이 있어 자르고 자르다 보니
무가 無 됐다

잎만 남은 무

잎은
뿌리 병에도 상관없다는 말에
천장에 매달린 빨래 건조대에 척척 걸쳐 놓고 보니
덕장에 널어놓은 생태 같다
無生같다

무탈하게 마르겠다

좋아해!

시내버스 기사 뒤편에 앉은
백발의 할머니가 오른쪽 경로석에 앉은 더 백발의 할아버지에게

해 없는 곳에 앉아!

아무 말 없던 더 백발의 할아버지가
지긋이 할머니를 바라보다가

나,
해 좋아해!

흔들렸다

복합터미널 정류장에서 한 남자가 버스에 오를 때
어깨에 초록 사마귀가 팔 운동 기구처럼 흔들리고 있었다

흔들리며 누군가의 어깨를 빌려 탑승한
사마귀에게 눈이 간다

사람은 일생 동안 제 속에 사람 서너 명을 담고 산다는데
그 사람들로 흔들리며 산다는데

그럴 때가 있다
책장 정리를 하다 보면 책장의 책들이 읽었는데도
전혀 생각나지 않을 때

그건 흔들리지 말라는 것

창밖을 바라보던 남자가
유리창에 비친 사마귀와 눈빛이 마주쳤는지
움찔한다

눈동자는 마음이 담긴 거울입니다 담는 이가 있으면 쏟는 이도 있어서 눈빛은 조심히 다뤄야 합니다

＞
남자가 순식간에 사마귀를 털어 낸다

내가 흔들렸다

정다운 약국

정다운 말을 쓰는 정다운 약국은
동서 연합 클리닉 오른쪽에 있다

한 남자가 약국 맞은편에서
엉덩이 닿을 듯 말 듯 앉아 휴대폰을 만지작거리다가
약국을 향해 걸어 들어온다

자동문 터치가 서툴러 몇 번을 눌러대는 모습이
가스 밸브를 잠가놓고 불이 켜지지 않는다고
여러 번 돌려 대던 내 모습이랑 비슷하다

문이 열리고
남자가 들어와 약사에게 묻는다

약사님, 핸드폰이요 약발이 다 떨어졌는데 어떡하죠?

잠깐 망설이던 약사가
약은 약사에게! 배터리는 대리점 직원에게!
정다운 말씨다

곤혹스러운 표정으로 남자가 나가자
즐거운 하루 보내세요! 건강하세요!

외치는 정다운 약사

남자가 핸드폰을 들고
다른 가게로 들어가는 게 보인다

꼭 나 같다

시계를 풀어놓고

　헐거워지겠다고
　일상을 풀어놓고 강가에 왔다

　가져온 짐을 풀다가 손목에 찬 시계를 발견한다
　여전히 시계는 돌아가고 있다

　누군가는 죽을 때까지 여행을 다녀도 자신을 다 들여다보지 못한다는데
　　나는 하룻밤의 쉼에도 시계를 차고 왔다

　먼 데서 흘러온 물이
　먼 데로 흘러가는 모습이다

　가고 있는 시간이 옳긴 옳은데
　한때는 시간 없는 시간이 옳은 줄 알았다

　짐 정리를 끝내고
　강물을 내려다보는 절벽과 절벽에 걸친 나무들을 본다

　지금부터 시계는 지루해질 테고
　지루한 시계는 그 안의 시간을 더 지루하게 만들 것이다

\>

원터치 텐트를 펼치자 사방에 시간이 눕는다
나는 베고 눕는다

흐른다

지나가는 데요

지하철역 옷 가게를 지나가는 데요 탈의실 안에서 한 할머니가 옷을 입어 보는 데요 커튼을 끝까지 돌렸어야 하는 데요 새 옷의 앞과 뒤를 구별하느라 손이 바쁜 데요 점박이 등과 흘러내린 브라와 분홍 팬티 아래로 다리까지 드러나는 데요 노란 조끼 입은 할아버지 둘이 지나가다 멈춰서서 흠흠 헛기침만 하는 데요

쉴 새 없이 하는데요

3부

한 사람의 저녁이 망설여지는 동안

미소마트 담벼락에
거머쥐었던 손의 뜨거움이 남아있는 빈 병들이
몇 날 며칠 쌓여 간다

벽에 기대어
뒹굴어도 시원찮을 빈병들

빈병의 그림자들은
온종일 한 사람의 눈을 피해 길어지다가
어둠이 몰아치면 김빠진 그림자를 파묻곤 했다

오늘도
운동화 밑창을 닮은 사람이
병 하나를 들고 그 속의 말을 들어야겠다는 듯
들여다보고 있다

한 모금 마시고 허허 웃다
한 모금 마시고 허허 울다
병이 되어 간다

빈 병을 흔들며 붉은빛 도는 그림자로 길어지는 동안
한 사람의 저녁이 망설여지는 동안

별이

혼신의 힘으로 일어섰지
별이

어미가 몸의 막을 혀로 핥는 순간
벌름대는 콧속으로 세상 공기를 처음 들이마시고
막막한 젖을 찾아 어미 다리 사이를 헤집고 들어서던
별이

우사 밖에서 지켜보며 애태웠던 너의 탄생
내가 떨리는 손으로 엉덩이에 주삿바늘을 꽂았는데도

들숨을 삼키고도 눈이 감기고
사지가 풀어지는 너를 어쩔까

핥아주던 어미는 스르르 잠기는 너를 보고
음마, 음마 했지

그 자리에 다시는 일어서지 못할 어둠이 깔리고
어둠이 식어가는 네 몸을 덮는 순간

딸깍,
별이 된 별이

미루나무 수선집

개인 사정으로 문 닫습니다

닫힌 가게의
유리창에 붙어 있는 손 글씨
안경 나사가 풀려 수리 받고 오는 길에 보았다

상의 몇 개가
두어 달 옷걸이에 걸려 있다가
닫힌 오월이었다

북집에서
엉킨 실밥을 쪽가위로 싹둑 자르듯
완성된 미완성을 미완의 완성으로 바꿔놓던 수선집

노루발 교체하며
박음질하던 미싱 소리가
오르막을 오르던 내 발뒤꿈치를 들게 하고
그날의 고민을 잠시 잊게 하곤 하였는데

내가 잘라낸 고민과
바람에 부푼 블라우스와
찰리 채플린의 지팡이까지
미루나무 수선집 지붕에 걸려 있다

숫사슴

바람 한 점 없는 밀양 일자봉 오르다가
갑자기 비라도 후두둑 떨어질 것 같이 어두컴컴해져
내려갈까?

그때

저기,
나뭇잎 흔들린다
한 나뭇잎만 세차게 흔들린다

무서워 꼼짝 못 하고 그곳을 응시하는데
불쑥 고개 내미는 숫사슴

금시당*으로 가려면 어느 쪽으로 가야 합니까?
묻는 듯하여

가리키는 내내 내 손끝이 세차게 흔들렸다

* 경상남도 문화재로 조선 중기 문신 이광진 별업

꽃이 피었다

1초도 한눈팔기 힘든 출근길

정신없이 아파트를 빠져나오는데
이봐유! 하고 부르는 소리에 걸음을 멈추었지

허리 굽은 할머니가 지팡이 짚고
6단지 모퉁이에 서서

영산홍 자산홍 황철쭉 꽃봉오리
계란빵처럼 빵빵하게 부풀어 오르는 꽃봉오리
보고 있는 거야

샥시는 어느 꽃이 더 이뻐유?

꽃망울들,
그리고 할머니의 눈망울

흐르는 물속에서
맑은 돌멩이 하나 건져 올리듯
나는 두 손 모아 할머니 귀에 대고 말했지

할머니 꽃이 제일 예뻐요

\>
출근이 출근이라 길을 재촉하다 돌아보니
할머니가 활짝 웃으시며 허리를 쭉- 펴네

꽃이 활짝 피고 있네

봄날은 간다

벚나무와 인도 사이
음식 쓰레기통이 휴지休止처럼 놓여 있다

한 노인이 쓰레기통 안에 비닐을 털어 넣는 동안
등이 90도로 꺾인 더 노인이 뚜껑에 두 손을 짚고 기다린다

언니 오늘 날씨 좋지?
응 좋아!

맞장구치는 두 노인이 닮았다

연분홍 치마가 봄바람에 휘날리더라~ 오늘도 옷고름 씹어가며~

걸어가며 덜 노인이 노랠 부르니 아니나 다를까
더 노인도 따라 부른다

노래는 인도를 인도하며 눈동자를 반짝이게 하고
꽉 다물었던 입을 벌어지게 하고
오늘을 흥얼거리게 해

＞
화르르르
벚꽃들도 따라 부르기 시작한다

쌀

나는 경상도 토박이다
쌀을 살이라고 말한다

경상도 말씨는 살과 쌀이 구분되지 않아
쌍시옷이 붙은 쌀도 살처럼 살살 풀어진다

아무리 쌀로 살을 불려도 살은 불어나지 않지만
무심코 말한 살에 그는 내 살을 가리키며 쌀쌀맞게 정정한다

살이 붙지 않는 나를 쌀쌀하다며 쳐다보는 그도
쌍시옷을 시옷처럼 말하는
센 말투도 조용히 정리하는 경상도 사람

한번은 중앙 연수원에서 쌀 소비에 관해 발표한 적 있다

첫 연습 땐 괜찮았는데
차트와 차트 사이에 막대기를 넣고 살살 넘겨도
쌀은 쌀쌀맞게 발음이 안되었다

쌀을 말할 때
찹쌀의 찹을 먼저 입안에서 뱉어보라는

그의 조언을 듣고

찹,
하고 난 후 쌀을 뱉었지만 여전히 살이 되었다

오늘도 나는 입안에서 찹을 말한 후
살이라 말하고 쌀을 씹는다

나비야,

진달래 군락지 종남산을 오른다

남천강 물안개가 솜뭉치를 풀어놓은 것처럼
강과 산과 하늘을 뒤덮어 한 치 앞도 분간하기 어렵다

솜뭉치,
생각만 해도 아득한 솜뭉치

시집에서 분가할 때 주신 목화솜 이불
이불 홑청 사이로 삐져나온 누런 솜이 눈에 거슬려
겁도 없이 뜯어 하이타이를 풀었었다

솜이 솜을 품고 솜이 물을 품어
단칸방 부엌은 온통 구름 거품으로 뒤덮였었다

이 4월도
철없던 나처럼 얼마나 두터운 물안개를 풀어놨기에
한 치 앞도 보이지 않게 하는지

정상에 올라서니 천지가 거품인데
날아든 나비 한 마리

＞
나비야,
이 거품들 어쩌면 좋으니
이 철없는 4월을 어쩌면 좋으니

모화역

경북 외동면 모화리 성지마을

발 디딜 틈 없이 꽉 찬 비둘기호 타고
이솝 이야기를 하루에 세 개 이상 들려주던
아버지 따라가던 할머님 댁

생면부지 사람들이 금세 형이 되고 아우가 되던
장날이면 생선 냄새와 땀 절은 냄새가 어우러지던
학생들의 가방과 커다란 고무 통이 함께 내리던
비둘기호

차장 아저씨가 차표 검사를 하면
아버지는 신발 코에 나를 앉혀놓고
덜컹거리며 가다가 내린 역

폐역이 된 지 이 십여 년이 지나도
모화역 하고 불러보면

천장에 매달아 반쯤 말린 백설기를 주고
무명실에 감꽃으로 목걸이 엮어주시던
할머니가 선연하게 떠오르는

모화역

자꾸 눌러

우체국 ATM기 앞에서 비번을 찾는다

2년 안 썼다고 이렇게 깡그리 생각나지 않을까 머릴 쥐어박으며 창구로 가니 머릿속에 떠오르는 숫자를 모두 눌러보라고 무한 배려를 해줬지만

무안하게 안 맞는다

한번 외운 숫자만큼은 자신 있다고 자부해 수첩에 적지 않아도 친구들 전화번호를 죄다 외우는 나였기에 은행마다 비밀번호를 다르게 설정한 게 그게 화근이었다

  칠 사 칠 사 아니 사 칠 사 칠
  삼 칠 삼 칠 아니 칠 삼 칠 삼

분명 7이 들어간 숫자인데 무한 반복해서 눌러도 맞지 않아 비번을 변경하고 새 비번을 누르니 가감산을 정확히 한 ATM기가 돈을 내주며 감사하다고 인사까지 한다

  자꾸 눌러 내가 미안했는데……

웃을 걸 그랬다

간밤 내린 눈으로 아침 출근길이 미끄러운데 맞은편에서 한 여인이 나를 보고 호주머니에서 손을 꺼내 흔들며 온다 다가올수록 모르는 얼굴이다

누구지?
아무리 생각해도 모르는 얼굴이다

퇴근길에 버스 안에서 한 사람이 아는 사람 같아 인사를 했는데 모르는 사람이었다 그 사람과 함께 출입문 앞에 섰을 때 그 사람이 창밖에 조용히 내리는 눈처럼 웃어 준다

그 순간 아침에 마주쳤던 여인이 떠올랐다 반갑게 손을 흔들던 그녀에게 나도 웃어 줄 걸 그랬다

파문

연못에 비가 내린다
한때 다하지 못한 대답처럼
대답을 기다리는 당신처럼 비가 내린다

응, 응

내린다는 건 떨어진다는 것 떨어져 부서진다는 것 부서져 내게서 사라진다는 것 내게서 사라져 내가 산산조각난다는 것

우리는 모두 한순간 숨이고 몸짓이고 파문이기에

사라졌을까?

나를 내려다보는 그리움이 있어 내 그리움이 그곳으로 향하고 있어 비가 연못을 두드리고 있다

오리 두 마리가 옆구리를 맞대고 있다

인사법

8층에서 엘리베이터를 타자
건장한 남자가 안녕하세요! 하고 인사를 건넨다

나는 엉거주춤 올라타며
네, 하고 개미 목소리로 대답했다

7 6 5 4⋯
층층 내려갈 때마다
내가 낸 목소리가 영 마음에 걸렸다

엊그제 콩나물 가게에서 천 원어치 콩나물 사는데
콩나물 봉지에서 콩나물 몇 가닥 덜어내던
주인 여자의 손이 떠올랐고

그 손이
지금의 나 같았다

1층에서 엘리베이터 문이 열리고
그 남자를 따라 내리는데 10층 어르신이 서 계신다

어르신 안녕하세요!
제법 큰소리로 인사를 하니

＞
안녕하시우!
무료 급식소에서 점심 드시고 온다는 어르신의 대답에
내 발걸음이 가벼워졌다

시샘

아파트 담장을 등받이 삼아
갖은 푸성귀 파는 할머니 두 분

한 분은 아파트 생기면서 지금까지 좌판을 꾸려온 터줏대감
한 분은 작년 가을에 갓 자리를 잡은 신입
예닐곱 발짝 사이가 그들의 간격

늙은 게 아주 비싸게 받아

아파트 뒷길을 산책하고 내려오다 또렷하게 들리는
터줏대감의 혼잣말

상추, 아욱, 돈나물을 봉지에 담아 손님에게 건네주는
신입 할머니를 보며
가자미눈을 뜨는
터줏대감

둥그런 부채로 거친 바람을 일으키며
돌아간 눈을 제자리로 돌려놓을 때마다

어디 한곳이라도 팍 아팠으면 좋겠네

＞
아랑곳 않고 돈부터 세는
신입 할머니

구구국구

새가 운다
늦은 밤 숲에서 운다

나도 잘 부러지는 나뭇가지 같은 밤에 앉아 운 적 있다
그렇다면 나도 새인 걸까

울면서 말을 하면 파열음이겠지
철봉대 아래 매달린 물방울이겠지

구구국구 국구구구

할머니, 대밭을 돌아 나가는 저 새는 뭐라고 하면서 울어?

서방 죽고 자석 죽고 내 혼자아 우에 살고!
그러고 울제

왜 우는지 재차 물어오는 내 안의 나를 잠재운다
저 울음이 쌓이고 쌓여서
밤인 나는

기뻐도 새
슬퍼도 새
아파도 새

4부

꿈

긴 나시 원피스를 입고 보트를 끌고 갔다

해안가로 내려가 한참을 걷다 보니 쥐었던 끈만 있다 순간 왔던 길을 되돌아가자 저만치 보트가 보인다 보트 안에 있는 여러 개의 상자 끈이 모두 풀려 있다 사과 상자를 열어본다 서너 개의 사과만 남아 있다

사과가 없어졌다
한 상자 가득 든 사과가 거진 없어졌다
내가 좋아하는 사과였는데
내 사과가
하필,

OK 일수

날아다니는 네 각이 부리다

헬멧을 쓰고 손가락과 손가락 사이로 탁 튕겨
가게 문이나 바닥으로 날아가는 악어새

비바람에도 일사불란한 날개로
생활의 틈과 틈 사이를 비집고 들어가
즉시입금이라는 비수를 꽂는다

해장국집 유리문에 부딪치는 OK
주공아파트 열쇠집 벽에 부딪치는 OK
지나가는 내 무릎을 치고 나뒹구는 OK

살아간다는 것이
일수 대출처럼 빌린 삶을 하루하루 갚아나가는 걸까
생각하며 걷는데

한 마리 팔천구백 원 신통치킨 광고지 아래
악어새들이 수북하다

먹먹

누군가 말한 마지막이란 말이 막막했습니다

보내드리고
돌아온
집

뭇국을 숟가락으로 떠먹는 것이 죄인 같아서

얼굴을 무릎에 얹었다가
무릎 사이에 파묻었다가

그러고도 잤습니다

자고 난 아침
깔아둔 이부자리와 빵빵한 베개를 보며 마당으로 나옵니다

쪽잠의 육신에 붙어 있는 먹먹이
생의 마디에서 곤두서는 털처럼 덥수룩하여
털어봅니다만

당신 보내고 난 이 아침에
당신에 대한 그리움이 웃자란 잡초처럼 마당에 꽉 찹니다

>
그 그리움을 움켜쥐고
다시 먹먹입니다

등산화

딸이 외국 가면서 진달래색 등산화를 주고 갔다

뒷산 오르내릴 땐
뒤축 닳은 내 등산화를 신다가
오늘 진달래 군락지 종남산을 오르려 진달래색 등산화를
꺼내 신었다

정상까지 올랐다가 내려오는 길
발끝이 어색하다 싶어 쳐다보니
밑창이 입을 쩍 벌렸다

하는 수 없이 뒤축에 무게를 실어 앞으로 나아가는데
큰 입이 쩍쩍 벌어진다
걸음 옮길 때마다 백태 낀 혀가 하얗게 뒤집혀
자꾸 뭔가를 삼키려 한다

버릴 수도 없고
칡넝쿨로 주둥이를 싸맸더니
걸음이 삐뚤빼뚤해진다

걷다 보니 벌어진 밑창 사이에서 뭔가 꿈틀거린다
아껴 둔 신발 속에 악어가 산 모양이다

정글 숲을 지나서 가자 엉금엉금 기어서 가자 늪지대가 나타나면은 악어 떼가 나올라 악어 떼*

악어 떼와 함께 내려왔다

* 동요 악어 떼

송사리 떼

강가에서
라면을 끓여먹다 남은 면발 몇 개를 강물에 던졌다
잠깐의 파문이 일고

면이 움직이듯
어디선가 몰려온 송사리 떼가 면을 따라 돌다
물기 시작한다

입으로 입으로 물은 행렬이 되고
미처 물지 못한 송사리들은 다른 면으로 이동하여
물고 돈다

면이 빙글 돌고
면면이 빙글빙글 돈다 영혼처럼
물고 도는 춤사위

가느다란 선들이
물속에서 연緣처럼 이어진다

면을 문 채
면면을 도는 송사리 떼
아버지 천도제 때 내원암에서 본 살풀이춤 같다

유성 매직

문방구점을 접은 언니가 유성 매직 한 묶음을 줬다
뚜껑을 열자마자 기름 냄새가 났다

유성 매직은 꼭 뚜껑을 열어야 글을 쓸 수 있고 심이 굵어 자잘한 글은 쓸 수 없는데 가는 펜처럼 깨알 같은 글자를 물 흐르듯 쓰던 옛 직장 상사가 있었다

그때 능수능란을 알았다

나는 힘을 가하거나 쌍시옷을 쓰거나 ㄹ을 쓸 때 겹치면 글자가 뭉개지기 일쑤였고 가끔은 글을 쓰겠다고 유성 매직을 들고 백지 앞에서 한참을 서성이다가 제목만 커다랗게 써놓고 매직을 집어 던지기도 하였다

능수능란하게
내 뚜껑을 열어젖히고

그를 주워도 되나

벚꽃 활짝 핀 봄날
으능정이* 가는 길목에서
한 남자가 바지 주머니에서 손을 빼다가
툭, 무언가를 떨어뜨리고 간다

가까이 가보니 여권이다

그것을 주워도 되나?
그를 주워도 되나?
그대로 두어야 하나 망설이다가 주워 들고

편도 일차선 건너 계단을 오르는 그가 사라질까 봐
마음이 먼저 데크길을 달린다

그는
회색 후드 티에 짧은 머리를 하고
벚꽃 앞에서 브이를 그리며 셀카를 찍고 있는
외국 청년

저기요!
불러도 꽃 앞에서 활짝 웃기만 하는 외국 청년

\>
어쩌죠?
내가 당신을 주워 왔는데
당신을 데려가라 말해야 하는데 도통 말이 통하지 않으니

내가 당신을 데리고 있어도 되나요?

* 대전시 중구 은행동 거리

안부

여름 한낮,

테너 루치아노 파바로티의 음성을 닮은 한 남자가 그 겨울의 찻집을 부르며 옵니다 베란다 앞 소나무 가지에 그 노래의 중간쯤이 항상 걸립니다

뜨거운 이름, 가슴에 두면 왜 한숨이 나는 걸까

다음 가사를 못다 부른 한 남자의 이야기를 적다 말고 나는 유월을 떠올립니다 유월에서 오월, 사월, 삼월로 거슬러 오르다 나를 바라보던 그의 눈빛이 지금의 내 눈빛 같아 내 설운 마음 들려줄 곳 있나요? 묻다 입을 다뭅니다

오늘은 시든 고구마에 새잎이 생긴 것을 말해주고 싶었습니다

자라는 그리움

  봄 대파 한 단 사서 먹고 남은 뿌리를 물에 담가 놓았네 며칠 지나 뿌리에 점액질이 나오고 보풀 같은 것들이 생기고 급기야 하얀 실뿌리가 나오네 그걸 보며 우리도 이럴까 생각했지 내 마음속에서 그리움이 자라 네게 닿기 위해 그리움의 실뿌리들은 점점 뻗어 가닥이 되고 가닥가닥이 되면 온전한 그리움이 되겠지 그 그리움을 타고 그리움이 생길 때마다 내 그리움 안에서 네 그리움도 자라겠지

턴테이블

전철 안
맞은편 자리에 한 여자가 자리 두 칸을 잡고 앉는다

운동복 바지에 두꺼운 허벅지를 옆자리에 아무렇게나 올려놓고
양손으로 휴대폰 삼매경에 빠져 있다

다음 역에서
가방을 메고 양손에 짐을 든 남자가
엉덩이를 들이대자 여자가 발을 내린다

남자가 등에서 가방을 벗어 앞으로 안고 앉는다

늘어진 가방끈이 여자 허벅지에서
턴테이블 바늘처럼 움직인다

전동차가 흔들어도 그대로 둔다
남자가 흔들어도 그대로 둔다

이것도 끈이라는 듯

달달

끊임없이 달릴 때 풀의 실핏줄까지 드러나는 달빛에 앞도 뒤도 훤해 나는 달로 멀어지지도 다가가지도 못해 돌아보면 중간이고 나아가도 중간이라 무작정 우뚝 서니 발가락, 발톱, 달맞이꽃이 달빛을 휘감더라 휘감다가 달, 달, 무슨 달, 말없이 발가락을 닮은 노루발풀, 노루 발자국을 밝히며 떠오르는 달이 달아날까 어둠 속에서 걸음걸음 밝음이 지독해 나는 앞뒤가 사라지고 달만 있더라 달만 높더라

연기

　혼잣말처럼 앉아 있다

　검지와 중지 사이에 끼운 담배에서 연기가 오른다
　연기가 가닿을 곳이 벽이고 가닿은 곳이 벽이었으나 벽은 아무 데도 없다는 듯
　하늘만 파랬다

　내 연기는 낭패

　기댄 벽, 나를 걸어둔 벽, 떨칠 수 없는 눈동자가 지나간 벽, 그러나 그 벽을 자꾸 접으면 언덕은 넓어져 연기는 멀리까지 날아갔다 여기저기 연기 나는 나처럼 번지다 뒤에 옆에 또 그 옆에 그림자가 생겼다

　연기는 흘깃대며 사라지는 행인처럼 흔적 없이 그러나 흔적은 순식간에 지나간 것의 흔적이 되어
　담뱃불을 흙에 비벼 껐고

　슬리퍼를 끌고 행인은 지나갔다

조율 중

나는 비다
비로 우화하여 소리를 낸다

모두들 한낮을 달굴 때
어떤 빗소리를 내야 할지 몰라
우체국 앞 플라타너스 나무 위 전깃줄 타들어 가는 소리처럼

지지직 지지직 치치
내 몸에 불똥이 튀는 소리처럼

지나가는 바람이 그랬다
매몰차게 때리기 전에는 울음이 터지지 않는다고
덕분에 오늘 흠씬 맞아야 할 비가 되어
동부로 73 인도에서

끽끽 끼끼 끼이끽

입에서 어떤 소리가 튀어나올지 몰라
급하게 자전거 브레이크를 잡는 소리처럼
사람 없는 길에서 브레이크 잡듯
나를 조율 중이다

덕분입니다

강의실에서
앞자리에 앉은 수강자가 얘기 도중 웃는 모습이 예쁘답니다

뜬금없는 말이었지만 내가 어찌 웃었더라?
생각하며 돌아오는데

아파트 화단에서 꽃들이 웃습니다
색색의 꽃이 피어 꽃 천지로 보이는 덕분입니다

오는 줄 모르고 예쁜 줄 모르고
피면 피는 대로 오고 갔다가 다시 온

덕분입니다

어머니 살아계실 적에
세 딸 중 한 이름만 부르려 해도 자야, 순아, 옥아 다 부르듯
4월이 영산홍 자산홍 철쭉아 명자야 다 불러 모읍니다

저리 웃은 적 있었나
활짝 핀 것들에 눈길 갑니다

>

사방 천지 피어난 웃음을 놓치고 무심코 지날 뻔한 이 봄날

뜬금없이 말해준 예쁘다는 말 덕분입니다

해설

만상萬像의 관계학

유종인 시인

만상萬像의 관계학

유종인 시인

1. 만남을 인연으로 이끄는 시의 눈길

우리는 살아가는 동안 숱한 스침과 이별, 만남의 총림叢林 속에 살아가게 된다. 도시화의 급격한 진행과 핵가족화의 극단적 고착화 속에서 소외되고 단자화單子化된 도시인의 증가와 소외된 독거의 생활 패턴이 늘어남에도 만남은 다소 유보적일 수는 있어도 항상 존재의 잠재적 성향으로 기억과 현재를 갈마들고 있다. 현재적 만남의 유보 속에서도 만남의 기억은 실질적인 존재의 특성과 개별적 속종을 구성하고 그 존재의 특징적 구성요인으로 유효하게 자리한다. 만남의 단절과 만남의 지속성은 외형적 통계 너머의 한 개인의 실질적 포용력에 따라 다양한 양상으로 개인의 성향을 발현하는 요소와 자기변모의 계기로 작용한다.

  자기 자신의 정체성을 개별적 독자성originality의 구축이라는 측면에서 보면 만남은 그 상대성에도 불구하고 절대적인 영향의 보이지 않은 권위를 가지고 있다. 그런 측면에서 이별이나 별거조차 만남의 포괄적인 아우라aura에 속한 쪽매일 수 있다. 우리는 이미순의 여러 시편에서 만남의 대소편차를 넘어 인간의 사회성과 고유성, 그리고 존재의 성향을 구성하는 변화력force of change에 대해 즐거이 궁구하게 된다.

  옅은 만남이 스치듯 겹치고 깊어지면 소위 인연relationship이 된다. 이 인연은 단순히 만남의 횟수와 시간의 총량으로만 계산할 수 없는 그 존재 자체 내부에 은연중에 새겨지는 일종의 활동성있는 각인刻印인 셈이다. 이 각인은 존재 내부에 고착되거나 망각으로 흐르지 않고 새로운 존재를 추동하는 변화의 고리 역할을 한다.

    초등학교 짝꿍과 재혼한 순희는
    짝꿍이었던 상민이를 석래 아부지요! 하고 부른단다

    100미터 길이의 비닐하우스 일곱 개에 특수작물과 딸기를
    재배하는데
    석래 아부지는 술을 달고 산단다

    환기창을 열다가 한 잔, 목마르다고 한 잔, 출출하다고 한 잔
    해거름이면 만취가 된단다

시원하게 잘 웃는 순희는 그런 석래 아부지가 보여도 그만
안 보여도 그만이었지만
　　일 마치면 꼭 오토바이 뒷좌석에서 석래 아부지 허리춤을
잡았단다

　　그날도 귀갓길에 강둑을 달리다가 오토바이가 굴렀는데
　　둘이 널브러져 있다가

　　괜찮나?
　　상민이가 순희를 와락 끌어안았단다

　　그 바람에 술은 입에도 못 대는 순희가
　　석래 아부지에게 취했단다

　　절뚝거리며
　　다시 오토바이 뒷자리로 가
　　석래 아부지 허리춤을 더 세게 끌어안았단다
　　─「취하다」 전문

　　상극이 보합補合하여 궁합이 되는 이 놀랍고 유머러스한 지경은 반목과 갈등이 일상화되는 우리의 흔전만전한 만남 위에 인연의 지긋한 눈길이 있음을 퉁기듯 선사한다. 더구나 더 재미있는 것은 삶의 주변에 있는 사고의 표면적인 산문성을 그 내막을 시적 해석으로 입체화시킨 이미순만의 너스레와 전환된 운문성韻文性에서 찾을 수 있다. 취醉함과 취(趣/取)이 격절하지 않고 하나로 연계되고 습합되는 자연

스러운 일상의 에피소드가 이 시편에 돌올하니 관계의 의미를 흥미롭게 톺아보게 한다.

이 시적 서사敍事의 전후관계는 일상의 불상사가 오히려 불행으로 귀착되지 않고 전환의 화해로운 변모를 양산한다는 점에 주목할 필요가 있다. 즉 "귀갓길에 강둑을 달리다가 오토바이가 굴렀"고 그리하여 "둘이 널브러져 있다가" 무슨 서슬엔지 "상민이가 순희를 와락 끌어안"는 전차를 통해 "그 바람에 술은 입에도 못 대는 순희가/ 석래 아부지에게 취했"다는 인간적 동화同化 내지는 부부 금슬의 끌밋한 상호 동조同調를 찾았다는 점이다. 소위 전화위복이라는 말로는 일반화시킬 수 없는 만남의 여사여사한 곡절이 입체감있게 지어내는 상보적相補的이고 해학적인 너름새와 그 관계성을 확보하기에 이른다. 이는 이미순 시인의 남다른 눈썰미로 관계의 곡절이 지닌 너그럽고 늡늡한 인간미에의 발견으로 그 만남의 층위層位를 격상시키는 부부의 내밀함을 간과하지 않았기에 가능한 일이다.

그러므로 하나의 만남은 한순간의 만남의 홑겹으로 끝나지 않는다. 그 만남의 파장이 여러 겹으로 지속적인 관계성과 영향력을 통해 중층화重層化시킨다. 이것은 곧 하나의 만남은 한 번의 만남이 아닌 존재의 다발을 엮어내는 불가적으로는 연기緣起의 에너지를 함축하고 발산하는 과정이자 변화임을 암시한다.

    남편 대신 처방약 받으러 갔다가
    의사를 보는 순간 어디서 많이 본 얼굴이다

어디서 봤더라
어디서 봤더라

의사도 내가 낯이 익은지
처방전을 쓰면서 안경 너머로 자꾸 나를 쳐다본다

청소년 자원봉사를 하시나요? 아니요
음악연주 봉사는요? 아니요
심리상담 봉사? 아니요
춤 동아리? 아니요

아니요 아니요 를 외치며
기억 속 일상을 거꾸로 돌리다 보니
아하! 매일 오후 6시 30분
수영강습 연수반

내 앞에 있다가 접영 때만 되면 내 뒤로 빠지는 사람
수경을 끼고 인사하는 사이
어제도 마주친 사이

의사 가운을 벗기고 넥타이를 풀게 하고 안경을 벗기고
수경을 수모 위로 올리면?
영락없다

처방전 건네면서
생각났냐는 의사의 말에

아니요 아니요 를 되풀이했다
─「아니요」전문

우리의 만남은 스침의 반복 속에서 되살아나는 본격적인 관계의 시작을 의미하는 내용이다. 만났으나 제대로 만나지 않고 스쳐갈 수밖에 없는 바쁜 일상과 관성적인 모임에의 참여는 간과看過된 존재들로 살아가게 한다. 숱한 장소에서 마주쳤음에도 화자가 "남편 대신 처방약 받으러 갔다가" 보게 된 "의사"는 "어디서 봤더라" 하는 기시감 déjà vu이 들게 된다. 의사 또한 낯이 익은 듯한 화자를 향해 다양한 모임의 이름을 대면서 그 접점接點을 찾으려 한다. 그렇게 만남의 근거를 향한 모색이 새삼스러운 바쁜 시절을 우리는 살고 있는지도 모른다.

만남이란 이렇게 존재와 존재가 함께 할만한 일종의 동행의 준거準據를 확보하기 위한 나름의 소소한 노력들을 통해 상대방과 내가 "영락없다"라는 확신의 기억을 갖는 것, 비록 "아니오 아니요"를 되풀이하지만 그것은 단순한 반어 irony의 차원을 넘어서 자타自他가 공히 존재하는 내밀함에 닿으려는 노력의 경주로 읽힌다.

무엇보다 이 시편의 제목이 갖는 강조점과 중의적重意的인 성격은 우리의 도시적이고 습관적인 만남의 실체에 대한 은밀한 비판을 통해 진정한 만남의 의미를 묻게 한다는 점에 방점이 있다. 앞서 화자가 반복한 "아니요"가 아닌 진정한 "그래요" 나 "예"라고 하는 긍정에 닿기 위한 과정의 종요로움은 다름 아닌 생동하는 만남을 통한 자각 awareness의 입장을 갖는데 있다. 변모하는 상대의 실체일

망정 그 구체성을 확보하는 것은 단순한 외모의 특징을 넘어 내면內面으로까지 소통할 수 있는 계기를 마련하게 된다. 어쩌면 숱한 스침과 접촉에도 불구하고 만남의 본령에 가닿지 못하는 이유를 이미순 시인은 "어디서 많이 본 얼굴"로서 타인을 바라보는 관성적인 삶의 분위기를 우선 떠올린다. 그것은 분명 존재 자신을 위해서나 타인의 배려나 관심에 대응하는 인간의 예의에 관한 입장에서도 무람하지 못한 경우이다.

  의식했건 의식하지 못했건 우리의 만남에 있어 그 관계가 갖는 징후나 증상만 있고 처방이 없다면 그 만남이란 무망하기 그지없을 것이다. 꼭이 무슨 효험만을 바랄 수는 없으나 인간은 만남을 통해 일정 부분 혹은 상당한 존재의 의미를 견인하고 삶의 유의미함으로 확보하게 된다. 그런데 그런 존재감이 견인되지 않는 만남이란 이미 숱한 접촉이 전제되거나 성행했음에도 의미와 교감이 없는 삶의 징후 symptom로 망각되기 십상이다. 그런 의미에서 "아니요"는 "그래요, 맞아요"를 성립하기 위한 방법론적 부정의 철저함일 수 있다.

    유월 마지막 일요일 아침

    우산을 쓰고 안심약국 앞을 지나가는데
    비둘기 한 마리 약국 문 앞에 바짝 붙어 있다

    당기시오
    문구만 왼쪽 유리 문짝에 붙어 있는 안심약국

처마 아래서
　비를 피하는 중이라고 생각해
　위를 올려다봤는데 위층 그 위의 층에서도 비는 곧장 떨어졌다

　변비 걸린 비둘기가
　지사제라도 사려고 문 앞에서 기다리는 걸까

　회색 깃털에 꽁무니만 흰 비둘기가
　제 모습을 핸드폰에 담고 있는 내 인기척에도 아랑곳 않고
　묵직한 뒤를 참고 열리지 않는 문 앞에서 서성거리고 있다

　물똥 같은 비는 계속 내리고
　일요일인 줄도 모르고
　─「안심약국」 전문

　만남의 종류와 층위層位는 사뭇 다양하다. 특히나 그 대상을 구분하고 선정하며 그걸 실행에 옮기는 것은 어쩌면 삶의 중요하고 종요로운 실질 행위라 해도 과언이 아니다. 만남이 없다면 우리는 소극적 자기애에 함몰되거나 자폐적인 성향의 반사회적 인격체로 전락할 수도 있다. 그러기에 극단적으로 삶 자체의 본질적 구성이 누락됐다 단정할 정도로 만남은 주체subject뿐 아니라 그와 연관된 대상을 향해 다양한 채널로 열려있다.
　보편적으로 인간관계에서 일어나는 여러 감정적 양태

aspect의 변화는, 시에 있어서의 주요 관심사라 볼 수 있다. 그리고 그 중요도重要度와 관심도concern는 사람이 자기 자신의 결핍을 충전하고 행복을 두텁게 하려는 본질적인 욕구에 기반한 것이기도 하다. 그런데 그런 관심의 층위와 대상을 좀 더 확장해 보면 어떨까. 그런 측면에서 "안심약국" 근처의 "회색 깃털에 꽁무니만 흰 비둘기"는 시인의 시선이 단순히 사소한 것에 대한 관심, 즉 트리비얼리즘 trivialism의 경우를 상정할 수도 있다. 하지만 이미순은 그런 소재주의적 혐의를 극복하고 사람이나 비둘기나 별반 다를 거 없는 하나의 숨탄 것으로서의 동일한 생명의 실체로 보아낸다. 이 늡늡하고 넙쭉성있는 시야는 "변비에 걸린 비둘기가/ 지사제라도 사려고 문 앞에 기다리는" 건 아닐까 생각하는 그 넉넉하고 유정한 마음으로 인해 주체와 대상이 하나의 심리적 교통이라는 시경詩境을 연출해 내기에 이른다. 그리고 심리적 교통의 매개는 "묵직한 뒤를 참고 열리지 않는 문 앞에서 서성거리"는 존재의 내밀한 고통에 초점이 맞춰져 있다.

특히나 이런 화자와 대상과의 거리낌 없는 심리적 연계성 linking은 시 속의 화자와 비둘기를 자연스러운 수사적 관점의 동일한 주체 대상으로 상정하는 데서 연유한다. 이는 대상과의 필요없는 거리와 차별적 관념을 제거했을 때 가능한 경우라 할 수 있다.

이미순에게 있어 이런 만남의 대상은 편향되거나 편재偏在돼 있지 않다는 것으로 보편의 가치, 즉 박애(博愛, philanthropy)의 윤리적 기초를 이룬다. 상대방이 가진 다양한 대내외적인 조건들 때문에 관계에서 소외되거나 배제된다면 그것이야말로 비극의 시초가 아닐 수 없다. 그런 측면에서 이미순의 「안심약국」은 고통을 치유하는 것보다 고통의 발생학發生學적 기초가 되는 마음의 편향을 바로잡고 그 속내를 늠늠하게 하는 것의 의미를 소중하게 다루어 발현한다.

    정류장 의자에 앉아 버스를 기다리는데
    귀에 꽂은 이어폰에서 황성 옛터가 흘러나오는 어르신이 다가와
    의자에서 일어서려는 순간

    영어로
    진짜 영어로

    Thank you
    have a seat please

    한 귀퉁이에 걸터앉으면 된다고
    내 옷자락을 살짝 잡아당기며 한사코 앉으란다

    순간 아버지가 떠올랐다 미군 부대에 근무하던 아버지는 동전만 한 손목시계 같은 것을 귀에 대고 영어로 뭐라 뭐라 하셨다 중간중간 끊겨도 최선을 다하셨다

    배워나가는 중이거나
    잊혀져가는 중이거나

묻지도 않았는데 어디 사냐고, 자신은 유성이 집이고 나이
가 아흔하나 라고 그러는 사이 버스가 들어오고

See you next time

두만강 푸른 물이 한 세상 돌아 다시 올 때쯤 만날 것 같았고
황성 옛터에서 다시 만날 것 같아
나도 손을 흔들었다
―「See you next time」 전문

 시간의 불가역적인 흐름이 모든 만남을 인위적으로 강제하거나 그 내용을 구성하듯 주관하지는 않는다. 시간은 사람이라는 감각적 매개intermediation를 통해 그 일회성 혹은 일과성―過性의 의미를 기억을 통해 보전받을 수 있다. 특히 그 보전의 계기는 미약한 듯 보이는 만남의 접점에서 스파크를 일으킨다.
 이미순 시인은 소소한 일상의 접촉과도 같은 만남의 서슬을 만남의 본격적이고 본질적인 국면으로 육박肉薄해 보여주는 대상에의 놀라운 시적 친화력과 묘사력 representation을 지녔다. 무심한 듯한 스침go past의 계제 속에서도 "내 옷자락을 살짝 잡아당기며 한사코 앉으"라고 "황성옛터가 흘러나오는 어르신"과 무심결에 교우하게 된다. 이 교유交遊는 너무나 소소한 일상의 계기가 촉발한 것이어서 일견 하찮은 듯 보이지만 사실은 진실로 소중한 존재 발견의 빌미를 제공하는 것이다. 시인은 그 서늘하고 오

롯한 빌미cause가 구성하는 한 인생의 흔적과 인상적 얼개를 무심결에 유심하게 보게 하여준다. 비록 그 인생이 "배워나가는 중이거나/ 잊혀져가는 중이거나"하는 여전한 존재의 와중渦中임에도 불구하고 말이다. 배움과 망각이라는 대척적인 인생의 과정을 절대적으로 격절隔絶시키지 않고 동시적인 존재의 다발로 보여준다. "나이가 아흔하나인" 인생이 건네는 "See you next time"은 삶의 영속성과 유한함을 동시적으로 보여주는 발어發語인 셈이다.

시인의 눈썰미는 하나의 시간대time slot에 여러 시간의 층위를 재구성해 보여주는 자연스럽지만 쉽지 않은 서사적 결속을 이뤄낸다. 시적 서사의 틀 속에서 현재는 과거와 어깨를 겯고 미래의 어느 한 상상은 현재에 머무는 과거의 스토리에 통로를 열어주기도 한다.

그것은 곧 만남의 이야기이자 새뜻한 시적 서사敍事의 출현인 경우이다. 잠재된 이야기가 돋아나듯 시의 표면 위로 드러나는 것, 이것이 만남의 증거이자 존재의 거듭되는 활성活性인 셈이다.

2. 시간과 공간의 권속에서 영원의 방편으로

시는 늘 과거와 소통하는 현재의 서사敍事와 에스프리esprit를 물고 미래, 그 훗날로 가는 새의 날개를 지니고 있다. 과오나 실수, 가벼운 해프닝조차 그 자체의 단층적 현실에 머물지 않고 우리를 또 다른 시간이나 서사narration의 신세계로 인도하는 것은 바로 그 자체의 현실이 또 다른 확장된 현실의 실마리가 되기 때문이다. 더불어 그 실마리는 무의미無意味의 순간에서 유의미한relevant 존재의 연관을 확보하고 제공하기에 이른다. 삶의 단순한 시공간의 연장과 그 안에서의 활동만이 아닌 존재 내부의 유기적인 활동성activity은 소위 감각과 인식의 진척이 이뤄내는 새로운 진경進境, 그 시적 패러다임을 새로운 이야기로 재구성recomposition하기에 이른다.

    문학기행 중에 간 공원의 재래식 화장실에는 버려진 휴지가 떨어진 목련처럼 수북이 쌓여있었다 쌓인 휴지 때문에 변기가 구분이 잘 안돼 주춤거리다 휴대폰을 빠뜨렸다

    밑에서 하얀 식충식물처럼 넙죽 기기를 받아먹고 입을 닫았다 이런 기변이

    빈손이 되어

    기다리던 일행은 내 쪽을 향해 소리치고
    나는 휴대폰이 사라진 방향을 보고 있고

    끝내는 우릴 인도하시던 선생님께서 변기 앞으로 가 양복 앞섶이 수북한 목련 잎에 닿고서야 휴대폰을 건져 내 손에 올려 주었다

    손이 무거워졌다
    —「기변」 전문

새롭지만 약간 외람된 실수가 야기한 상황은 시인의 용기와 자각을 통해 이야기로 손목이 잡혀 나온다. 유예된 실수가 발현된 실수mistake로 드러날 때 "변기"에 빠뜨린 "휴대폰"은 사물objects에서 이야기story로 전환된다. 그리고 이 전환을 의미와 감성의 맥락으로 담당하는 매개가 있는데, 이것이 바로 시인 이미순의 끌밋한 역할이다.

 놀라움과 당황, 걱정이 번갈아 갈마드는 가운데서도 "양복 앞섶이 수북한 목련 잎에 닿고서야" 건져올린 분실물은 이미 화자의 "손이 무거워"지는 유의미한 시적 상관물相關物로 도드라진다. 무엇보다 재밌는 점은 "우릴 인도하시던 선생님께서" 본래의 역할이 아닌 분실물 찾기의 당사자로 친절한 외도外道를 연출한다는 점이다. 즉 인도引導와 외도外道가 격절하지 않고 시의 후반에서 함께 길항한다는 사실은 만남 그 자체의 여사여사한 순기능을 떠올려주기에 흡족하다. 즉 의도하지 않은 실수도 일종의 만남의 여줄가리이고 동시에 이 의외의 상황은 새로운 서사적 의미를 촉발하는 요인으로 이야기를 제공한다.

 만남을 인격적 주체로 상정한다면 우리는 이런 가벼운 실수와 해프닝조차 존재의 다양한 국면을 궁구하게 하는 다양성diversity을 제공한다는 사실이다. 가만히 기변(機變/奇變)이라는 만남의 속성은 곧 인생의 비유metaphor로 확장해 바라볼 수도 있다.

  미소마트 담벼락에
  거머쥐었던 손의 뜨거움이 남아있는 빈 병들이
  몇 날 며칠 쌓여 간다

벽에 기대어
뒹굴어도 시원찮을 빈병들

빈병의 그림자들은
온종일 한 사람의 눈을 피해 길어지다가
어둠이 몰아치면 김빠진 그림자를 파묻곤 했다

오늘도
운동화 밑창을 닮은 사람이
병 하나를 들고 그 속의 말을 들어야겠다는 듯
들여다보고 있다

한 모금 마시고 허허 웃다
한 모금 마시고 허허 울다
병이 되어 간다

빈 병을 흔들며 붉은빛 도는 그림자로 길어지는 동안
한 사람의 저녁이 망설여지는 동안
―「한 사람의 저녁이 망설여지는 동안」 전문

 만남의 형식은 그 대상의 다양함에서도 찾을 수 있지만 이 시편에서 보면 "빈 병"이라는 사물이 지닌 분위기nuance에서도 그윽이 찾을 수 있다. 사물이 시공간 속에 거처함으로써 발생하는 흔적과 분위기를 통해 시인은 그것을 삶에 대한 비유metaphor로 견주어낸다. 즉 비록 비어버린 병甁

이지만 그 병이 지닌 비유적인 뉘앙스는 오히려 "그림자들"을 통해 완연해지곤 한다. 대상 사물이 드리우는 "그림자들은/ 온종일 한 사람의 눈을 피해 길어지다가/ 어둠이 몰아치면 김빠진 그림자를 파묻"곤 하는 인상impression으로 인해 "운동화 밑창을 닮은 사람"과의 유비적類比的 관계로 확장된다. 짐짓 "허허 웃다"와 "허허 울다"를 반복하며 "병이 되어 간"다는 사실도 매우 독특한 관찰이자 심미적 언술이다. 이는 사람의 심상image에서 병의 이미지를 추출하는 게 아니라 병의 이미지[心象]에서 사람을 추출해 대비시키는 역발상의 기운마저 있다. 더불어 병(bottle/sickness)이라고 하는 중의적重意的인 느낌을 동시에 선사하기도 한다.

"빈 병"이라는 사물이 지닌 장소성場所性은 "한 사람의 저녁이 망설여지는" 순간과 교유함으로 인해서 사물과 사람이 동등한 심상적心象的 반열에 놓이게 된다. 즉 사물의 고유함은 인간의 우월함과 별반 차이가 없고 어떻게 매치시켜 보느냐에 따라 그 존재의 형식은 새듯한 내용을 연동하듯 포함하게 된다. 그러므로 존재의 형식과 내용은 어떤 시각적視覺的 만남을 가지느냐의 문제로 귀결한다. 시인은 그런 장소성이 야기한 사람의 감정을 구성하는 과정을 통해 삶은 구체적인 원인과 결과가 병합된 일상 드라마로 환기된다. 더불어 일상적 감정들은 숱한 기분의 조합과 셈평이라는 계기를 통해 타인과의 갈등과 차이를 엮어내는 변별성辨別性의 도구로 작용한다.

    아파트 담장을 등받이 삼아
    갖은 푸성귀 파는 할머니 두 분

한 분은 아파트 생기면서 지금까지 좌판을 꾸려온 터줏대감
한 분은 작년 가을에 갓 자리를 잡은 신입
예닐곱 발짝 사이가 그들의 간격

늙은 게 아주 비싸게 받아

아파트 뒷길을 산책하고 내려오다 또렷하게 들리는
터줏대감의 혼잣말

상추, 아욱, 돈나물을 봉지에 담아 손님에게 건네주는
신입 할머니를 보며
가자미눈을 뜨는
터줏대감

둥그런 부채로 거친 바람을 일으키며
돌아간 눈을 제자리로 돌려놓을 때마다

어디 한곳이라도 팍 아팠으면 좋겠네

아랑곳 않고 돈부터 세는
신입 할머니
—「시샘」 전문

앞서 언급한 존재의 형식은 그 내용을 종종 결정짓거나

남다른 영향을 주는데, 감정이라는 것도 이 틀거지 안에서 오롯해지곤 한다. 이미순은 이런 존재의 형식이 곧 만남에서 비롯됐다는 것과 함께 만남은 곧 장소성場所性의 또 다른 국면임을 환기시킨다. 즉 "아파트 담장을 등받이 삼아/ 갖은 푸성귀 파는 할머니 두 분"이라는 장소와 인적 구성의 조합을 통해 감정이 새롭게 창출되는 현황을 오롯이 보여준다.

  시인은 이 두 할머니가 지닌 존재의 방식의 다름을 통해 "시샘"이라고 하는 감정과의 만남을 고스란하고 새뜻하게 연출한다. 이는 판매방식의 차이라는 현실적인 루틴의 차이이지만 동시에 공존과 경쟁이라는 보편적인 존재의 환경이나 여건을 제시한다는 측면에서 사회학적 면모를 소박하게 개진한다. "어디 한 곳이라도 아팠으면 좋겠다"라는 극한의 감정은 조화나 조정보다는 배제와 갈등이라는 인간의 원초적인 감정을 소환한다는 측면에서 만남이 가지는 감정적 파생력派生力을 이미순은 생활 주변에서 적실하게 발굴한다.

  묵은 것과 새로운 것, 즉 "터줏대감"과 "신입"이라고 하는 시간적 차이가 하나의 공간에 병립竝立할 때 일어나는 감정을 윤리적ethical 관점이 아닌 시학적poetical 현실로 드러낼 때 이 시편은 생활시生活詩의 푼푼한 인상을 가감없이 현장감있게 돋아낸다.

    누군가 말한 마지막이란 말이 막막했습니다

    보내드리고

돌아온
집

뭇국을 숟가락으로 떠먹는 것이 죄인 같아서

얼굴을 무릎에 얹었다가
무릎 사이에 파묻었다가

그러고도 잤습니다

자고 난 아침
깔아둔 이부자리와 빵빵한 베개를 보며 마당으로 나옵니다

쪽잠의 육신에 붙어 있는 먹먹이
생의 마디에서 곤두서는 털처럼 덥수룩하여
털어봅니다만

당신 보내고 난 이 아침에
당신에 대한 그리움이 웃자란 잡초처럼 마당에 꽉 찹니다

그 그리움을 움켜쥐고
다시 먹먹입니다
— 「먹먹」 전문

 또한 우리는 부재不在와의 마주침, 혹은 마주봄을 통해 죽음이라고 하는 존재의 허상과 변곡점을 소슬하고 끝밑하

게 성찰하게 한다. 이 성찰은 "얼굴을 무릎에 얹었다가/ 무릎 사이에 파묻었다가"하는 헛헛한 내면의 외부적 기척이면서 동시에 상실의 속내를 "쪽잠의 육신에 붙어 있는 먹먹"함으로 오롯이 견주어낸다. 우리는 "당신 보내고 난 이 아침"과의 만남을 통해서 소멸과 생성이 길항拮抗하듯 존재를 감싸고 있는 시공간의 흐름, 그 운명선運命線과 감정선感情線이 만나서 "막막"함과 "먹먹"함을 일으키는 내면의 풍경을 보게 된다.

"막막"이라고 하는 감정이 상실의 현황에 대한 외부적 조감鳥瞰의 뉘앙스라면 "먹먹"은 그 상실이 깊어지고 구체화되면서 내부, 즉 내면inside으로 향하는 국면을 느끼게 한다. 여울지는 감정의 격동이 일시에 멎은 듯한 그 정체된 흐름을 "막막"과 "먹먹"의 용언用言을 통해 우리는 상실의 극한을 생득生得하게 된다. 동시에 "그리움을 움켜쥐고" 그 부재lack를 견디는 존재를 일상의 존재에 투여함으로써 관성적 의식에 입체의 각성을 들이붓게 된다. 이는 곧 살아있음과 살았었음을 공히 밀물과 썰물처럼 시공간의 광활한 사막과 뻘밭, 그리고 여러 예술적 소우주microcosm에 그려 넣게 된다. 이렇듯 우리는 이미순이 그려내는 만남의 시적 스펙트럼을 때로는 비감하게 혹은 때로는 유쾌하고 소슬하게 부감俯瞰하게 하는 효과를 누린다.

혼잣말처럼 앉아 있다

검지와 중지 사이에 끼운 담배에서 연기가 오른다
연기가 가닿을 곳이 벽이고 가닿은 곳이 벽이었으나 벽은

아무 데도 없다는 듯
　하늘만 파랬다

　내 연기는 낭패

　기댄 벽, 나를 걸어둔 벽, 떨칠 수 없는 눈동자가 지나간 벽, 그러나 그 벽을 자꾸 접으면 언덕은 넓어져 연기는 멀리까지 날아갔다 여기저기 연기 나는 나처럼 번지다 뒤에 옆에 또 그 옆에 그림자가 생겼다

　연기는 흘깃대며 사라지는 행인처럼 흔적 없이 그러나 흔적은 순식간에 지나간 것의 흔적이 되어
　담뱃불을 흙에 비벼 껐고

　슬리퍼를 끌고 행인은 지나갔다
　―「연기」 전문

　모든 만남은 "혼잣말처럼" 덧없는 과거의 창고에 수납되어 사그라들기도 하고 또 다른 "연기가 오"르듯 새로운 만남의 연기smoke로 뭉클리기도 한다. 또한 우리가 지은 유무형有無形의 성과들은 "눈동자가 지나간 벽, 그러나 그 벽을 자꾸 접으면 언덕"이 나타나듯 더 무한한 시공간으로 흩어지기도 한다.
　이미순 시인은 하나의 담배연기에서 존재의 성립과 변화, 그 상실의 파노라마panorama를 유추할 줄 아는 상상력의 눈썰미를 지녔다. 한두 줄기 연기의 흩어짐이 배경으로 삼

는 새파란 하늘은 시인에게 "연기"는 "나는 나처럼 번지다 뒤에 옆에 또 그 옆에 그림자가 생겼다"는 물성物性의 반향과 그 의미를 반추하게 한다. 모든 존재는 필멸必滅하지만 그것이 일방적인 허무만을 조장하지는 않는다. 비록 "내 연기는 낭패"라고 언술하지만 그것은 더 넓고 깊고 심원한 존재의 궁극窮極을 통찰하게 하는 발어發語일 수 있다.

그리하여 우리들 모든 존재는 만남의 끝없는 갱신을 통해 연기(煙氣/緣起)로 분장되는 흐름이라는 사실을 엿보게 한다. 헤아림이 있는 만남을 통한 무수한 변전變轉의 시효 앞에 만물은 새로움을 갖고 영원의 토대를 지향한다. 이러한 모든 연관과 관계는 존재가 마주하는 만남의 파장 performance을 통해 구체적인 실감과 인식의 다양성을 증폭하고 그 지향점을 깨닫게 한다.

상실과 동떨어짐조차 넓은 시야와 관점에서 보면 관계의 형식이자 방법론이고 변화의 광장에 놓인 작은 모래알과 깃털이다. 시는 그 천변만화의 흐름을 만나러 가면서 이야기와 노래를 얻는 여행자의 전리품이자 도구인지도 모른다. 그런 우리 모든 여행자에게 만남은 영혼의 배낭을 채우는 유의미한 존재의 나눔이자 몸과 맘을 깨우쳐 가는 갱신renewal의 교두보인 것이다.

이 미 순

이미순 시인은 부산에서 출생했고, 2022년 『애지』로 등단했다. 이미순 시인의 첫 시집 『날마다 두 개의 자화상을 그린다』는 '만상萬像의 관계학'이라고 부를 수가 있으며, 우리는 그의 시들을 통하여 인간의 사회성과 고유성, 그리고 존재의 성향을 살펴볼 수도 있을 것이다.

이메일   lmssun9898@daum.net

이미순 시집

나는 날마다 두 개의 자화상을 그린다

발　　행	2025년 10월 3일
지 은 이	이미순
펴 낸 이	반송림
편집디자인	반송림
펴 낸 곳	도서출판 지혜, 계간시전문지 애지
기획위원	반경환
주　　소	34624 대전광역시 동구 태전로 57, 2층 도서출판 지혜
전　　화	042-625-1140
팩　　스	042-627-1140
이 메 일	eji@ji-hye.com
	ejisarang@hanmail.net
애지카페	cafe.daum.net/ejiliterature

ISBN   979-11-5728-588-4   03810
값   12,000원

이 책의 판권은 지은이와 도서출판 지혜에 있습니다.
양측의 서면 동의 없는 무단전재 및 복제를 금합니다.

후원: (재)대전문화재단

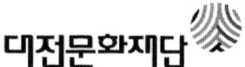

* 이 사업은 대전광역시, (재)대전문화재단에서 사업비 일부를 지원 받았습니다.